**Esto no es Berlín Ediciones**



**Diseño de cubierta y supervisión:** Karen Maza-Madrazo Mazarrasa
**Maquetación:** Enrique Hernández Uribe

**ISBN:** 979-13-991656-0-9
**Depósito legal:** M-2855-2026

Esto no es Berlín es un sello de la
Productora del Nuevo Relato Social

Calle Cartagena 19, 3º A. 28028. Madrid. España
Impreso en España. Madrid - Enero 2026

# RÍO HERIDO

Daniela Catrileo

Al fuego de las calles

y las voces bajo el agua

*Mi corazón roto ha venido,*
*me habla y dice que*
*no le ha quedado nada,*
*que él está vacío*
*me dice que todo*
*se ha marchitado y yo*
*no tengo más que un río*

Juana Molina

# Cesura:

# Testimonio del accidente

Este no es mi viaje

Este es mi viaje

NOHAYESTRUCTURANIORIGEN

No hay pureza

ni casa propia

en

el movimiento de las aguas

habitar

\- - - - - - - - - - - - - - - - - - - - -

el corte

sentenciada la boca

rota la lengua.

Incurable

lo que arrastran

las piedras,

sosteniendo el olvido.

No hay alivio

en la niebla del río.

¿Cómo escribir un nombre

que nació herido,

antes de ser escrito

antes del origen

de la letra?

Es cuestión de tiempo
quitar los trozos de riel
aferrados al cuerpo
y volver a ser gravilla
que bajo el cauce
no pierde su color.

Sólo el tiempo inunda
de sigilo la memoria
y retorna, como
la próxima ola.

El eco que resuena
al decir:

*es que estamos rotos*

como espiral
de caracola al final
del océano.

Me hice un tajo en el vientre

y con el dedo índice

re pa so

*cesura*

la herida es nuestra

evidencia.

El río es voz

que no

calla

¿Qué se abre

en el lenguaje de

las aguas?

El secreto en la rotura

de la lengua

como quien se apuñala

a sí mismo

para salvarse.

Esto no es el fin
la inconstancia permanece
en la fisura.

Somos exilio
en la patria del río.

Mis muertos

no son la historia.

Caminan sin lengua

aúllan

como réplicas del signo.

¿De qué sirve

escribirte, si desapareces

en la hoja

en el cauce?

Las palabras ya no son huesos
sino fantasmas
enterrados en su boca.

Un conjunto de fonemas
que se pliegan
al silencio.

El río nos sumerge

en el temblor de sus olas.

Meto piedras en mis bolsillos

para asegurar el descenso.

En el vestigio de la seña:

nacemos

de rabia

de pobres

de olvido

como musgo en la ribera.

Un accidente en el mapa
es un paisaje
que escribe
y se borra
en  la maleza.

La grafía salvaje
del trueno
en  papel
de otro.

La ciénaga

se dice

entre el agua

y la tierra.

Algunas raíces brotan

con la osadía

del gesto

afónico.

De tu espalda florecen

un puñado de noches bajo incendio

ese que sólo tú conoces.

Ahora puede llover, te digo.

Con ceniza de
los últimos árboles
escribo una palabra
en tu frente

antes que todo
desaparezca
mar adentro.

## Todo río contiene un corazón de engaños

*Estuve largo tiempo salivando palabras en la boca*

Guadalupe Santa Cruz

Nuestra relación con los ríos nunca fue fácil.

Pueden darnos todo

como podemos perder todo.

Tengo dos pájaros en la cabeza que me sacuden para verlos
y decidir el cauce del río.
En sesenta minutos se puede escribir
lo que nos queda de vida
arrastrar esa pierna hambrienta hasta el horizonte
nombrar nietos por orden alfabético

Construir una realidad que pronto te abandona.

**No he visto llorar a mi padre**

La base de todos tus muertos
tiene un ciclo sobre el agua.
Lamer piedras para alimentarnos,
volver al barro para izar
banderas del cabello.

Miramos el cielo que no volverá
y la madre que muere
en un charco aún más profundo
que tus pies descalzos sobre el zanjón.

Esto es el comienzo
de lo que llamaremos viaje:

los niños cantan en vez de llorar.

## Respiro hacia adentro olvidando las costillas

Dos veces ha esparcido la hierba
y los huérfanos

Nueva Imperial y el interior:
*con boca de animal*
*se figuran relieves en el aire.*

Nacimos con el río herido
nuestra mancha en el costado.
Un corazón que de pena se fragua
entre las costillas
y los metales son un líquido espeso
en el contorno de la pubertad.

—Arden y arden los puentes
y los perros del territorio—

Tengo colgando mi periferia
como fragmento de toda historia.
Herido tengo el fósil y mi llaga
es un horizonte en su discurso.

Tengo un río herido
en forma de zanjón
que grita india y me tira a la calle
desprendiendo hijos
en cada vena de su navío.

Un cordón umbilical extendido
atravesando montañas
en busca de su caudal.

Desde las esquinas de un país
cruzado en rieles
construí una pequeña caja
con imágenes de un sol
hacia el ombligo.

El ombligo como punto medio

del reencuentro.

**A partir de la lluvia**

Tan temprano te levantaste
volviendo la cabeza
para despedir pájaros.

El ruido de hojas
merodean al pasar
en silencio compones
lo que desearías.

Somos este resultado
pequeño sobre tus manos.

Me duele tu hemorragia, le dije.
Me crujen las pieles de tu hendidura
tienes un tajo de río.

## Imperativo

La orden fue: el animal o tú
y tras apretar los dientes
maldijiste a escondidas
            cada puto ancestro, volcán, hojarasca.

Los ojos de la muerte
se tornaron un famélico ladrido
y una caricia a contrapelo
saldó la traición.

A la mañana siguiente
un perro colgaba del árbol
un ñachi canino, escena ingerida.

Ahí entendiste que resistir
era navegar hasta la orilla.

## Soy lo que no construiste en un sueño de niñez

El niño que es mi padre
corre por el verde mohoso del cerro.
Acarrea bueyes tras un espejo
amarra troncos
con la pericia salvaje del nudo.
Prepara la carreta
hacia su último viaje.

—A un costado,
                    un camión de madera
*somos periferia somos*
          representa la capital—

La raíz en vez
de un corazón volcánico
sesgado por el abandono
de la madre
es un trauma que no responde.

El niño que es mi padre

dice:

*Hasta nunca,*

*esferas de fuego.*

## Ser incendio en tu cauce

*Descomponer un río en sus arroyos.*
*Entender a un hombre*

Elías Canetti

La vida se ha desarrollado de manera más fecunda

constantemente

en los márgenes de los ríos.

## Aprendimos a leer a golpes

Hasta negar la lengua.

La h muda se extiende al río
que tachaste con la herida.

**La madre está en sueños, me contestó.**

¿Quién es tu mamá? le pregunté.

Yo, acá no soy yo.
La voz también es el relato del eco.
Su rostro es el mío, mas no el puñado de piedras
que escriben la arena.

Él no tiene una foto con su número de cédula
pero repite su nombre
como si formara un gran dígito.
Yo tengo de su madre
una manta de lana
que borda cada punto
de sus dedos.

Desde el tejido, un lenguaje
que se hunde en la piel.

Una poblada muerte

en la última palabra

que no recuerdo

porque a mí no me sucedió.

## Humedal

Cuando decidiste
el viaje
y mantener de pie
la pobreza.

Ver películas
en el Prat de San Diego
olvidar noches
y el desorden del pasto
por calles
que poca agua llevan
más que la alcantarilla de tus ojos.

El escape de paisajes
en el abandono
y la sangre como saliva.

## Niños ocres del sol

Somos una madeja
la familia esparcida
entre cables
que recorren avenidas
como antes el río.

Nada circular
quizás curvas en el horizonte
y en el vértice
pero no los oblicuos.

Tal vez ondas
que nos sumergen, otra vez
hasta flotar
como otro cuerpo en la pradera.

Estamos en un mapa que se fragmenta
y con cada piedra formamos un origen.

## Degollar

Ellos no vieron
al pueblo escupiendo estrellas
sólo piernas de la madre
y animales submarinos emerger
poemas en su lengua.

Algunas se perdieron
de nosotros en la ciudad,
invitados a trenzar barro para el adobe.

Malditos nacimos
con la herida de nuestra marca nativa.

## Las luces de la ciudad

Quiero ver las luces
más altas de la ciudad
con esa línea delgada de noche.

Habitar caminos que siguen
en un hombre
que ha perdido la mitad de su juventud
una madre y una casa.

Recorrer bares de la estación
intercambiando señas y mujeres
con nudillos
en cada arruga de su camisa.

Recuperar la mueca incansable
colmar de humo mi botella.
Quiero ser la temible infancia
con toda la vida en sus remos.

Un trozo de geografía
meciendo el agua de las grietas
para avanzar a la edad primitiva
del hombre y su agujero.

Mi cruz es el río
la acequia y el pozo.
Hinchado de gorriones y arbustos
clavando este duelo
entre mis pulmones
me arrastro por el río con el pecho abierto
limpiando la herida.

Y si mi bautizo
puede dejar los pecados
en prostitutas húmedas del desierto,
sumergido y solitario
cabalgo en mi río de viejas historias
donde estuve mientras ellos morían.

## Caminé en su funeral de espigas

El amor al padre, el odio al padre
llevar la cuenta de ancestros
por orden santo
no es recomendable en la juventud.

Ser cinta que oscila
entre cavidades
de la montaña hasta tu casa.

La idea y el encierro de las palabras
surcos bailables
en un lugar
que nos guarde de los gritos
y la muerte.

Esta muerte
caminar hasta olvidar
que nadie espera.
Sentir el gemido viajero de mi cordura
crecer a la fuerza
hasta dominar la ciudad.

Imaginan la bestia del padre
mientras ríen y se embriagan
en soledad del cerro y su virgen.
Agradable sólo por soledad
y las estrellas que te gusta
nombrar entre dientes
de metales espesos y vino.

Tantos huérfanos se te caen de los brazos
perdieron el camino de vuelta.
Y toda su sangre
todas sus tierras
una que otra bala sucede ahora.

Un disparo es cosa poca.

Dame tus puentes

tus caletas entre ríos, entre fango.

Los niños también caen muertos

no sólo la madre.

## Acción Fluvial: Inmersión

*Contigo he de alzarme y hundirme*

Swinburne

Los elementos

arrastrados por el río crean

en su viaje herido

profundas llanuras fértiles.

## Descompuesto en el cauce

Se hunden los días
y un cuerpo aparece.

El tono violáceo
hinchada su carne.

El agua no purifica
quema.

## No tengo más que un río

Nacer del cemento

escribir con tinta roja en vez del río.

Robar su archipiélago

en la geometría de los blocks.

¿El río nos podrá salvar?

La hora río abajo

también es horizontal.

## Cianotipo

El retrato familiar
fue abrir los ojos
en un acuoso filtro.

Un conjunto
de brillantes insectos
bajo la estela de sus alas
translúcidas
como el corazón inexistente
de una medusa.

## Vida acuática

Impulsados al destierro

de una fábula que naufraga

contra/corriente.

No se puede llorar

bajo el agua.

## Si todo Santa Rosa te viera llover

Salí a buscar el hogar clandestino
que se dibuja de oriente a poniente
cargando armas en la ribera.

Recojo las últimas cabezas del potrero
cercando una animita
                    sobre un pueblo flotante
                    que se inunda hasta no llover.

## Frente al enemigo

Escucho el ritmo de olas
en su espalda
saltamos un par de veces
para no mojar el espacio
de rocas
para no llenar el blanco
de días
que se ahogan por el fuego.

Nunca dijo que corriéramos
para salvarnos.

Nuestro rostro de frente
ante balas.
Nuestros rugidos de frente
ante máquinas.

Nunca fueron olas.

## Prender el cielo

Me obliga escupiendo
mi interior y el suyo.

Nos amarramos al puente
para despertar
y prender el cielo.

## Vamos a Santiago

Se vuelve a construir

hacia adentro

como esos juguetes

que albergan huellas dactilares

en su paseo por la feria.

Le digo que la feria es como el río

y nosotros animales

olvidados en el centro.

**Nadamos hasta cruzar el estero**

sus aguas lavan las piedras que somos.

Una ola me abraza

navego en sus ropajes

floto de espaldas:

el cielo se abre.

En el movimiento

de las nubes

busco la certeza de que fuimos

trenza, huiro, sal.

www.estonoesberlin.com www.estonoesberlin.com www.estonoesberlin.com